BEI GRIN MACHT SICH IHR WISSEN BEZAHLT

- Wir veröffentlichen Ihre Hausarbeit,
  Bachelor- und Masterarbeit

- Ihr eigenes eBook und Buch -
  weltweit in allen wichtigen Shops

- Verdienen Sie an jedem Verkauf

Jetzt bei www.GRIN.com hochladen und kostenlos publizieren

Timo Arnold

Die Stadt als typische Lebensform fortgeschrittener Gesellschaften

GRIN Verlag

Bibliografische Information der Deutschen Nationalbibliothek:

Die Deutsche Bibliothek verzeichnet diese Publikation in der Deutschen National-
bibliografie; detaillierte bibliografische Daten sind im Internet über http://dnb.d-
nb.de/ abrufbar.

Impressum:

Copyright © 2005 GRIN Verlag GmbH
Druck und Bindung: Books on Demand GmbH, Norderstedt Germany
ISBN: 978-3-638-91901-2

Dieses Buch bei GRIN:

http://www.grin.com/de/e-book/87251/die-stadt-als-typische-lebensform-fortge-
schrittener-gesellschaften

GRIN - Your knowledge has value

Der GRIN Verlag publiziert seit 1998 wissenschaftliche Arbeiten von Studenten, Hochschullehrern und anderen Akademikern als eBook und gedrucktes Buch. Die Verlagswebsite www.grin.com ist die ideale Plattform zur Veröffentlichung von Hausarbeiten, Abschlussarbeiten, wissenschaftlichen Aufsätzen, Dissertationen und Fachbüchern.

Besuchen Sie uns im Internet:

http://www.grin.com/

http://www.facebook.com/grincom

http://www.twitter.com/grin_com

Fachhochschule Koblenz
Fachbereich: Sozialwesen
Studiengang: Soziale Arbeit
SS 2005

Titel der Veranstaltung:

Stadt als Lebensraum

Die Stadt als typische Lebensform fortgeschrittener Gesellschaften

Verfasser:
Timo Arnold
3. Semester Soziale Arbeit

Koblenz, den 11.05. 2005

Inhaltsverzeichnis:

1. Einleitung:

Der Begriff des "Wohnens" stößt bei jedem Mitglied unserer Gesellschaft auf eine klare, zumeist allgemein anerkannte Definition. Oft drängt sich bei der Frage nach dem "Wohnen" vorrangig der Gedanke an den Raum des Wohnens, also das Haus, die Wohnung, das Zelt, der Wohnwagen oder was auch immer die persönlich bevorzugte Wohnform darstellen mag, in den Vordergrund. Die Frage nach der Region, der Art der Besiedlung selbiger, sprich: Vom Zelten in freier Natur bis zum Bewohnen eines Appartements in einem Hochhaus, welches in einer Großstadt steht, erfreut sich in der Regel zumindest sekundärer Bedeutung. Was dem einzelnen zweitrangig erscheinen mag, soll jedoch explizit Gegenstand dieser Arbeit sein. Offensichtlich ist das Bewohnen einer Stadt eine schlicht und einfach notwendige, anders gesagt zweckmäßige Angelegenheit. Dass eine Stadt viele verschiedene Wohnformen auf engem Raum bietet, dass die komplex verstrickten funktionellen Zusammenhänge - im Gegensatz zu der autarkeren Lebensweise in ländlichen Regionen - in Verbindung mit dem viel größeren kulturellen Angebot vielfältige Möglichkeiten zur Freizeitgestaltung bieten, oder auch dass eine Stadt als Ergebnis soziologischer und sozialökologischer Prozesse - seien diese nun gewillt herbeigeführt oder automatisch aufgetreten - in ihrer Struktur kein Produkt reiner Willkür ist, wird doch in der Regel nicht bewusst wahrgenommen. Eben diese Aspekte einer Stadt sollen jedoch in dieser Arbeit sowohl beschrieben, als auch diskutiert werden.

2. Moderne Gesellschaften:

Soziologen der Gegenwart sprechen von unserer Gesellschaft als Risikogesellschaft, Singlegesellschaft, oder auch Informationsgesellschaft (siehe Pongs (Herausgeber) - 2000 S.51 ff. Bd. 1, S104 ff. u. 175 ff. Bd. 2), um nur wenige Beispiele zu nennen. Dies führt zu dem Eindruck, dass unsere heutige - moderne - Gesellschaft durch viele Eigenarten definiert und durch ebenso viele Faktoren beeinflusst wird. Die Stadt als solche stellt schließlich eine Art Ballungszentrum jener Einflüsse und Faktoren dar, da der Stadtbewohner hier sehr viel stärker mit ihnen konfrontiert wird, als dies in ländlichen Gegenden der Fall ist. Daher drängt sich die Frage auf, welche Eigenschaften einer Stadt das starke Auftreten jener modernen Gesellschaftsformen, in diesem starken Maß, begünstigen. Sicherlich lässt sich als Erklärungsansatz die simple Tatsache anführen, dass in einer Stadt einfach wesentlich mehr Menschen mit ganz individuellen Biographien und Lebensweisen auf vergleichsweise sehr geringem geographischen Raum aufeinander treffen. Auch die Medien können sich sehr wahrscheinlich nicht davon freisprechen, hierbei eine gewisse "Teilschuld" zu tragen, jedoch sind diese auf dem Land mittlerweile fast ebenso leicht zugänglich wie in der Großstadt, was diesen Begründungsansatz als weniger gewichtig erscheinen lässt. Zwei Faktoren, die möglicherweise diese Entwicklung beeinflusst haben, sollen an dieser Stelle vorgestellt und auf ihre Bedeutung in diesem Zusammenhang hin untersucht werden. Bei diesen Faktoren handelt es sich zum einen um die Industrialisierung, wobei nicht nur die Historische Epoche, sondern auch die stets aktuelle Erweiterung der Industrie und ihre Bedeutung für den Arbeitsmarkt, welcher ja einen Spiegel für Karrierechancen, Verdienstmöglichkeiten und somit plausible Gründe, seinen Lebensmittelpunkt in eine Großstadt zu verlagern darstellt, und zum anderen um den Lebenswandel von der Großfamilie zum Singledasein hin, welcher nur eine logische Konsequenz des Wertewandels hin zur Selbstverwirklichung darstellt.

2.1 Industrialisierung:

"In der zweiten Hälfte des 19. Jahrhunderts bildeten sich in den Großstädten jene Wohn-verhältnisse und Wohnweisen heraus, die bis heute das Wohnen und die Wohnung-spolitik nachhaltig beeinflusst haben, und zwar auf zwei verschiedene Arten:
Zum einen als Schreckbild eines Wohnungselends, das es auf jeden Fall zu vermeiden galt, und zum anderen als radikaler Bruch mit vorindustriellen Wohnweisen, indem sich die Konturen des 'modernen' Wohnens andeuteten." (Zitat nach: Häußermann / Siebel - 1996, S. 59)

Die Industrialisierung vollzog sich vor allem in Deutschland derart rasant, dass ein Mangel an Wohnraum daraus resultierte. Die Großstädte wuchsen sehr schnell weiter an, wodurch die Notwendigkeit entstand, vor allem den quantitativ erforderlichen Wohnraum zu schaffen. Im Anschluss an diese Zeit zeichnete sich dann ein stetiger Wachstum des Wohnungsangebotes, sowohl in quantitativer, als auch in qualitativer Hinsicht ab. Jedoch waren die qualitativ besseren Wohnungen in der Regel auch durch einen entsprechend hohen Mietpreis nicht für jedermann zugänglich, was für den einfachen Arbeiter, der im Zuge der Industrialisierung in die Stadt gekommen ist einen weiteren Nachteil darstellte. Hierbei muss jedoch auch erwähnt werden, dass die Mobilität der Menschen damals wesentlich höher war, als dies heute der Fall ist. Nebst den Möglichkeiten, in der Industrie eine Arbeit zu finden, boten sich für jene, die vom Land in die Großstadt kamen selbstverständlich noch viele weitere Neuerungen an, wie zum Beispiel die in der Stadt gegebene Anonymität, einem vergleichsweise vielfältigen kulturellen Angebot, oder auch schlicht und einfach ein besserer Zugang zu aktuellen Informationen und fremden Gütern. Die Wohnungsfrage rückte bis zum heutigen Tag jedoch immer weiter in den Hintergrund und wich der Frage nach Arbeit, da die Industrie sich in die Richtung weiterentwickelte, dass viele Vorgänge zunehmend automatisiert wurden, wodurch viele Arbeiter überflüssig wurden. An diesem Punkt darf jedoch nicht unerwähnt bleiben, dass die Notwendigkeit, seinen Lebensmittelpunkt in eine Stadt zu verlagern, beziehungsweise ihn dort zu erhalten alleine aus wirtschaftlichen Gründen für viele Menschen nahezu keinen Entscheidungsspielraum ließ. Gleichsam sank die Bevölkerungswachstums-Rate in den letzten Jahren. Obschon diese Tatsache einen Überschuss an Wohnungen vermuten ließe, schlägt sich dies nicht als eindeutige Tatsache in Statistiken nieder, was wiederum durch die Entwicklung bedingt ist, dass Haushalte sich immer weiter verkleinern, was dazu führt, dass von der gleichen Personenanzahl mehr Wohnraum benötigt wird als dies zuvor der Fall war (vgl. Häußermann / Siebel, - 1996, S. 192 f.) So stellt sich die Frage nach einer Wohnung heute allgemein gesagt eher hinsichtlich Geldnot oder etwa in Städten mit sehr hoher Anzahl an Studenten, welche auf billige Unterkünfte angewiesen sind, um ein greifbares Beispiel zu nennen. Als immer bedeutsamer stellte sich in den letzten Jahren die Frage nach der Wohnumwelt heraus. Räumliche Segregation und Sukzessionsprozesse zeigen deutlich auf, dass soziale Distanz in der Regel mit räumlicher Distanz einhergeht.

2.2 Singles und Familien in der Stadt:

Im Anschluss an die große Wohnungsnot in der zweiten Hälfte des 19. Jahrhunderts bildete sich im auslaufenden 19. Jahrhundert schließlich das kleinfamiliale Wohnen als eindeutig favorisierte Wohnform heraus (vgl. Häußermann / Siebel - 1996, S. 132 f.). Nachdem sich diese Wohnform in den deutschen Städten nach und nach durchgesetzt hatte, sollte der Trend im Zuge der zunehmenden Individualisierung, die laut Hradil eine der Hauptursachen für die von ihm benannte "Single-Gesellschaft" ist (vgl. Hradil (Hg. Pongs) - 2000, S. 107), sich wieder dahingehend verändern, dass immer mehr junge Menschen dem familiären Rahmen entfliehen um Autonom ihren eigenen Haushalt zu führen. Dieser Theorie soll an dieser Stelle eine gewisse Relevanz für unsere heutige Gesellschaft nicht abgesprochen werden, da es sich dabei um ein statistisch erfassbares und allgemein beobachtbares Phänomen handelt.

Die Lebensweise, die mit dem Single-Dasein zusammenhängt, welches im sozialen Rahmen einer Großstadt in höchstem Maße durch entsprechende Freizeitangebote begünstigt und durch die täglich gebräuchlichen Unterhaltungsmedien in höchsten Tönen gepriesen wird, steht offensichtlich in einem kausalen Zusammenhang zur aus sozialpolitischer Sicht beängstigenden Geburtenrate in Deutschland. Diese wiederum lässt in Zukunft einen deutlichen Überschuss an verfügbarem Wohnraum vermuten, wobei dies bis dato noch eine spekulative Aussage ist.

Das Single-Dasein bietet für das Individuum durchaus, bedingt durch den großen Freiraum, den diese Lebensweise mit sich bringt, die Möglichkeit, sich stärker auf Bildung, Karriere und den eigenen sozialen Status zu konzentrieren, wobei diese Möglichkeit zwar oberflächlich betrachtet positiv erscheinen mag, jedoch hinsichtlich der unbestreitbaren Nachteile, welche gleich benannt werden sollen, als sehr fragwürdig herausstellt. Angesichts dieser Möglichkeiten drängt sich die Frage auf, ob diese denn auch entsprechend genutzt werden. Definitiv spielen bei der Nutzung dieser Möglichkeiten auch die persönlichen Fähigkeiten und der wirtschaftliche Rahmen, nebst dem entsprechenden Engagement eine entscheidende Rolle. Weiterhin zeichnet sich gerade bei Akademikern der Trend ab, kinderlos zu bleiben, beziehungsweise erst sehr spät dem eigenen Kinderwunsch nachzugehen, wobei oftmals nur wenige beziehungsweise nur ein einziges Kind erwünscht sind. Was nutzen uns also all die Akademiker, wenn ihre Fähigkeiten mangels Reproduktion sich nicht oder nur sehr schwer auf eine breitere Masse übertragen lassen?

Diese Argumentation mag darwinistisch erscheinen, doch soll hier nicht nur der Bezug zum "Genpool" sondern auch und vor allem die Umweltbedingungen der nachwachsenden Generationen hervorgehoben werden, wobei aus soziologischer Sicht kein Zweifel bestehen dürfte, dass die Zugangschancen zu elitären Ausbildungen für junge Menschen aus sozial schwächeren Familien und Wohngebieten in wesentlichem Maß geringer sind, als für die Nachkommen jener mit hohem sozialen Status.

3. Wohnungswesen:

Zu präindustriellen Zeiten war die Wohnung, beziehungsweise das Haus in der Regel gleichzeitig der Ort, an dem man gearbeitet hat. Dieses Bild lässt sich am einfachsten durch die Vorstellung eines Bauernhofs verdeutlichen. Mit zunehmender Industrialisierung verlagerte sich der Ort des Arbeitens mehr und mehr aus der eigenen Wohnung. So wurde die Wohnung, das zu Hause zu einer Art arbeitsfreien Zone, wobei an dieser Stelle der Erwerb gemeint ist - Kindererziehung, Hausarbeit, Pflege alter und/oder kranker Menschen soll an dieser Stelle nicht abgewertet sondern lediglich nicht berücksichtigt werden (vgl. Häußermann / Siebel - 1996, S.47 f.). Über die rein funktionellen Faktoren hinaus spielen jedoch auch soziale Gründe eine Rolle bei der Wohnungswahl. Wirtschaftliche Faktoren stellen oftmals, ebenso wie das Bedürfnis standesgemäß zu wohnen wichtige Indikatoren bei der Wohnungswahl dar. Ebenso bedeutsam ist die Wohngegend bei deren Auswahl wiederum der Wunsch nach standesgemäßem Wohnen von enormer Wichtigkeit ist. Der Zugang zu sozialen Räumen muss ebenso Berücksichtigung finden wie der Zustand des zu bewohnenden Gebäudes.

Sind diese Rahmenbedingungen geklärt sind jedoch längst nicht alle wichtigen Entscheidungen gefällt. Möchte man denn eigentlich lediglich eine Wohnung oder eher ein Einfamilienhaus bewohnen? Möchte man zur Miete wohnen oder möchte man doch eher Eigentümer einer Wohnung oder eines Hauses werden? Auch diese Entscheidung wird nicht nur nach wirtschaftlichen Gesichtspunkten bewertet werden, wie es oberflächlich betrachtet den Anschein haben mag, sondern der individuelle Wunsch nach Mobilität darf bei dieser Überlegung keinesfalls außer Acht gelassen werden.

3.1 "Nomadenleben" in der Großstadt:

Nicht immer war die Möglichkeit zu mieten eine Selbstverständlichkeit. Zwar gab es schon in der Antike oder auch im Mittelalter Ansätze des Mietwohnungsbaus, doch konnten diese nicht den modernen Ansprüchen des Wohnens gerecht werden (vgl. Häußermann / Siebel - 1996, S. 15).

Mobilität ist eine Eigenschaft die in der heutigen zeit immer stärker gefordert und gerade in beruflicher Hinsicht schon weitgehend vorausgesetzt wird. Ein hohes Maß an Mobilität ist eigentlich fast nur für Menschen möglich, die in einem Mietverhältnis wohnen.

Das Mietwesen lässt offen gesagt einen Vergleich zu den Nomadenvölkern vergangener Epochen zu, so hat man doch als Stadtbewohner die Möglichkeit, wenn die persönlichen Ansprüche nicht mehr durch die direkt angrenzende Umwelt erfüllt werden können - also wenn die Ressourcen einer Wohnumgebung nicht mehr den persönlichen Ansprüchen gerecht werden - mit einem überschaubaren Maß an Aufwand durch einen Umzug diese Wohnumgebung zu wechseln um auf die entsprechenden Ressourcen zugreifen zu können. Dies funktioniert sowohl innerhalb einer Stadt, als auch über die Stadtgrenzen hinaus in eine andere Stadt, eine völlig andere Region oder auch in ein ganz anderes Land. Auf diese Weise sieht sich der unabhängige Mensch nicht mehr mit dem Aufwand konfrontiert, seine Umwelt mitzugestalten, sich gemeinsam mit seiner Nachbarschaft eventuellen Sukzessionsprozessen zu erwehren und Kompromisse hinsichtlich Veränderungen seiner Umwelt einzugehen, welche sich nicht von ihm als Individuum aufhalten oder in eine ihm angenehme Richtung lenken lassen.

Diese Tatsache fungiert also nicht nur als Garant für gewahrte Anonymität und Sicherstellung eines individuell gestalteten privaten Raumes, sondern stellt zudem eine bequeme Variante dar, gewissen Problemstellungen zu begegnen, indem man ihnen aus dem Weg geht. Unter diesem Gesichtspunkt betrachtet lässt sich die Möglichkeit zur Miete zu wohnen also durchaus als Luxus betrachtet, wobei dieser Begriff doch zumeist eher mit Eigentum, in diesem Falle also einem Eigenheim in Verbindung gebracht wird. Nun sind wohl beides unterschiedliche Formen des Luxus, wobei die Vermutung nahe liegt, dass die Entscheidung für den Luxus des "Nomadenlebens" mit jugendlicheren Lebensphasen verknüpft ist und sich der Bau eines Eigenheims schließlich durch den Wunsch nach Sesshaftigkeit, sei dies nun durch die Gründung einer Familie oder durch fortgeschrittenes Lebensalter begründen lässt. Dieses schränkt die Mobilität selbstverständlich in hohem Maße ein, so macht das Bewohnen eines Eigenheims doch das beschriebene "Nomadenleben" in der Großstadt nahezu unmöglich, beziehungsweise höchst unwirtschaftlich. Wieso wird denn noch Wert auf den Besitz einer eigenen Wohnung oder eines eigenen Hauses gelegt? Sind es nur bestimmte gesellschaftliche Gruppen, die auf das Bewohnen von Eigentum zurückgreifen? Zeichnet sich etwa ein Prozess ab, der die Bewohner von Mietwohnungen zu Eigenheimbesitzern werden lässt?

3.2 Von der Mietwohnung zum Eigenheim:

Nachdem der Faktor der Mobilität nun erläutert wurde gilt es, auch politische und wirtschaftliche Gründe, in eine selbst bewohnte Immobilie zu investieren, in Augenschein zu nehmen. Zweifelsohne spielen bei der Entscheidung, ob man zur Miete leben oder sich ein Eigenheim bauen bzw. kaufen will auch aktuelle Wohnungspolitische Haltungen der Regierung eine große Rolle. Zwangsläufig auftretende Fragen sind zum Beispiel:

- Gibt es derzeit einen Kündigungsschutz?
- Gibt es eine Mietpreishöchstgrenze?
- Inwiefern werden Eigenheime zur Zeit finanziell gefördert?

Von der Prämisse ausgehend, dass das nötige Kapital für ein Eigenheim vorhanden ist bleibt dennoch abzuwägen, ob man seine Mobilität derart einschränken will und welchen Sinn es macht, viel Geld in ein Objekt zu investieren, dass zwar eine gewisse Sicherheit in Aussicht stellt, als Investition allerdings hinter Lebensversicherungen, Aktien, etc. ohne Frage zurückstehen muss. Möglicherweise sind es schlicht und einfach traditionalisierte Werte und Ideologien, die den Wunsch nach einem Eigenheim aufkeimen lassen. Keinesfalls außer Acht lassen darf man an dieser Stelle jedoch den persönlichen sozialen Status, so ist ein Eigenheim in der passenden Wohngegend doch noch immer ein anerkanntes und geachtetes Statussymbol.

Wie auch immer man den Sachverhalt drehen und wenden mag bleibt eine Tatsache bestehen: Das Bild vom eigenen Einfamilienhaus als perfekte Behausung für eine junge Familie mit Kindern herrscht vor und erfreut sich nach wie vor des Status eines Wunschtraumes für sehr viele Menschen. Ironischerweise war das Leben im Eigenheim ja über Jahrhunderte die vorherrschende Wohnform, bis die Menschen wie oben beschrieben im Zuge der Industrialisierung Scharenweise in die Städte wanderten um dort in Miete zu wohnen. Schließlich sollte das dann dazu führen, dass die Menschen heute weitestgehend darauf aus sind, individuell wieder zur Wohnform des Eigenheims zurückzufinden. Soziologisch gesehen dürfte sich diese Anmerkung am Rande jedoch keiner Relevanz erfreuen, da die Lebensumstände und die Beweggründe der Menschen, ihre jeweiligen Wohnformen zu wählen, sich sehr stark voneinander unterscheiden.

In Anbetracht der möglichen Beweggründe, sich für eine Wohnform zu entscheiden - von der Prämisse ausgehend, dass man wirtschaftlich in der Lage ist, sich zu entscheiden und nicht auf die Mietwohnung als einzige Alternative oder sogar die Sozialwohnung angewiesen ist - wäre es wohl anmaßend, an dieser Stelle zu behaupten, eine universell gültige Lösung parat zu haben. Viel eher muss man wohl von einer multifaktoriellen Kausalität ausgehen.

4. Wohnumwelt:

Eine Stadt birgt mehrere unterschiedliche Wohngegenden, die sich zum Teil sehr stark voneinander unterscheiden. Hier gibt es zum Beispiel Unterschiede was den Anteil an Ausländern, die die Gegend bewohnen angeht, ob eher ältere Menschen oder junge Familien die Zahl der Einwohner dominieren, was an kulturellen Angeboten besteht und auch, wie hoch die Kriminalitätsrate in der entsprechenden Wohngegend ist.

Jede Wohngegend einer Stadt trägt ihr Etikett, welches die Meinungsbildung derer, die andere Gegenden bewohnen deutlich prägt. So spricht der Volksmund ganz gerne von Assivierteln, Ausländervierteln oder Bonzenvierteln. Das diese Bezeichnungen eher auf Mundpropaganda denn auf empirisch relevanten Forschungen beruhen - zumindest was die Begriffsbildung angeht - steht wohl außer Frage. Sehr wohl Fragwürdig ist jedoch das bild, dass die Bewohner selbst von ihrer Wohnumgebung haben, wie sie diese überhaupt wahrnehmen. Zudem stellt sich die Frage, ob diese Wahrnehmung in der Lage ist, das Denken und Handeln der Bewohner bestimmter Gebiete auf irgendeine Weise zu beeinflussen, was ja rein theoretisch auch die Möglichkeit implizieren müsste, durch gezielte Gestaltung einer Wohngegend das Verhalten der dort ansässigen Menschen zu beeinflussen oder sogar zu steuern.

Definitiv sollte mittlerweile klar sein, dass es erhebliche soziale Unterschiede zwischen den Bewohnern verschiedener Stadtteile gibt. Hier drängt sich die Frage auf, ob auch innerhalb der einzelnen Stadtteile so große Unterschiede bestehen oder ob man an dieser Stelle der Redewendung: "Gleich und gleich gesellt sich gern", glauben schenken darf.

4.1 Wahrnehmung der Bewohner:

"...die Annahme, dass die "objektive Umwelt erst über die "subjektive", in den Wahrnehmungen der Individuen abgebildete Umwelt wirksam wird. Wahrnehmung ist demnach sozusagen der Schnittpunkt von Umwelt und Individuum." (Zitat nach Kromrey, (Hg. Hamm) - 1979, S. 76)

Einen Eindruck von der gebauten Umwelt aus der Sichtweise ihrer Bewohner zu gewinnen stellt eine Möglichkeit dar, die Umwelt entsprechend der Bedürfnisse ihrer Nutzer zu entwerfen und zu modifizieren. Aus diesem Grund ist das Thema für den Bereich der Stadtplanung von hoher Bedeutung. Inwiefern es möglich ist, derartige Daten zu Erfassen und in eine verwertbare Form zu bringen, ist jedoch fraglich. Ebenso bleibt bis dahin offen, wie die Daten überhaupt verwertet werden sollen, also welche Konsequenzen daraus gezogen und welche Veränderungen ermöglicht werden können. Fest steht, dass soziale Distanz mit räumlicher Distanz einhergeht, was demnach bedeutet, dass eine bestimmte Wohnumwelt - einen Sukzessionsprozess ausschließend - weitestgehend von Personen mit ähnlichem sozialen Status bewohnt wird. Dies wiederum lässt den Schluss zu, dass die personelle Wohnumwelt einen Spiegeleffekt für den einzelnen Bewohner hat, so befähigt das Erleben benachbarter Menschen mit gleichem Status, oftmals entsprechend ähnlichem Bildungsniveau, etc. doch zu Rückschlüssen auf sich selbst. Die Frage ist nun: Kann auch bereits die gebaute Umwelt Auskünfte über die Einwohner geben? In diesem Fall müsste man davon ausgehen, dass die gebaute Umwelt, welche ja direkt vom Bewohner selbiger wahrgenommen wird, charakteristische Eigenschaften ihrer Bewohner erkennen lässt. Von Gebieten, die mit Eigenheimen bebaut und von sozial höher Gestellten Personen bewohnt werden scheint es nur logisch, dass die gebaute Umwelt den Status ihrer Bewohner widerspiegelt, da diese ja in gewissem Maß diese Wohnumwelt gestaltet haben. Dies sagt noch nichts über die Anzahl und den Charakter öffentlicher Räume aus. Dem wahrscheinlich finanzstarken Klientel entsprechend, ist es jedoch sehr wahrscheinlich, dass sich einige Angebote ansiedeln werden um von jenem Klientel zu profitieren. Ein Stadtteil, der genutzt wird, um Sozialwohnungen anzubieten, wird in der Regel eher instand gehalten denn ausgebaut und verschönert, da logischerweise keine großen wirtschaftlichen Erfolge in derartigen Gebieten zu erhoffen sind. Wenn demnach die Wahrnehmung der Bewohner ihr Standesbewusstsein fördert bleibt offen, inwiefern die gebaute Umwelt sich auch auf das direkte Handeln ihrer Bewohner auswirkt.

4.2 Einfluss der Umwelt auf das Handeln der Anwohner:

"Wohnung und Umwelt sind natürlich für das Verhalten der Bewohner nicht irrelevant; aber sie sind eben nur der Rahmen, in dem gehandelt wird; und nicht etwas; das von sich aus Aktivitäten (Reaktionen) hervorriefe." (Zitat nach Kromrey (Hg. Hamm) - 1979, S. 76)

Der verhaltenstheoretische Ansatz unterstellt laut Kromrey, dass die Bewohner einer Umwelt quasi von dieser konditioniert würden, dass sich also ihr Verhalten zum Teil auf die Umwelt zurückführen und durch diese modifizieren lasse, wobei Kromrey die Ansicht äußert, jener Ansatz greife zu kurz (vgl. Kromrey (Hg. Hamm) - 1979, S. 75 f.). Eine gewisse Wirkung auf ihre Bewohner kann man der Umwelt (der sozialen wie der gebauten) wohl kaum absprechen, selbst wenn sich diese nur in Frustration ob der schlechten oder Euphorie ob der privilegierten Lebensweise äußert. Wie weit diese Wirkung sich jedoch auf das direkte Handeln auswirkt dürfte kaum nachvollziehbar sein, da der Faktor "gebaute Umwelt" im Wulst, den alle möglichen Faktoren für Verhalten bilden, untergehen dürfte. An dieser Stelle sind psychologische, soziologische, pädagogische und physiologische - um nur eine Auswahl zu nennen - Begründungsansätze zu berücksichtigen, in deren Reihen sicherlich auch jener verhaltenstheoretische einen Platz hat, wobei dieser weniger stark ausgeprägt sein dürfte, als zum Beispiel das individuelle Bestreben der Bewohner. Sicherlich ließe sich anführen, dass in Wohngegenden, die von sozial sehr schwachen Familien bewohnt werden, oftmals hohes kriminelles Potential besteht, doch muss man dem auch entgegenhalten, dass Suchterkrankungen verschiedener Art dort zumeist recht verbreitet sind, wobei eine Alkoholsucht eines oder beider Elternteile ein Kind durchaus zu traumatisieren vermag, womit wieder ein psychologisches Problem als mögliche Ursache für eben jenes kriminelle Potential entgegengehalten werden könnte. Daher muss zumindest an dieser Stelle eine multifaktorielle Kausalität als ausreichende Begründung erachtet werden.

4.3 Räumliche Strukturen sozialer Ungleichheit:

Wenn man von sozialer Ungleichheit spricht, denkt man doch zumeist an berufliche Stellung, Karrierechancen, Einkommen und dergleichen. Hier soll nun jedoch der räumliche Aspekt sozialer Ungleichheit zum Gegenstand gemacht werden. Diese kann sich ausdrücken im zur Verfügung stehenden Wohnraum, so ergab doch eine empirische Studie in der Stadt Köln, dass in Arbeiterbezirken in beträchtlichem Maß weniger Wohnraum pro Person zur Verfügung steht als in Bürgerbezirken (vgl. Riege (Hg. Hamm) - 1979, S. 25) selbige Studie besagte auch, dass die Wohnungen in Arbeiterbezirken die schlechteren Heizungen und oftmals nicht einmal ein eigenes Badezimmer aufwiesen. Die Studie ist längst nicht mehr aktuell und soll an dieser Stelle auch keinen statistischen Charakter haben, sondern einfach ein grobes Bild von dem Begriff räumlicher Strukturen sozialer Ungleichheit vermitteln. Diese Strukturen erfassen jedoch längst nicht nur das Wohnungswesen. Auch die medizinische Versorgung, Jugendtreffs, Altenheime, Kindergärten und nicht zuletzt die vorhandenen Bildungseinrichtungen sind ihrer Bezugsgruppe entsprechend angelegt. Extreme Auswirkungen bringen diese Strukturen demnach vor allem für bestimmte Bevölkerungs-gruppen, wie zum Beispiel Kinder, Jugendliche, alte Menschen oder Ausländer mit sich.

5. Fazit:

In Anbetracht all dieser charakteristischer Merkmale einer Stadt, ihrer ständig laufenden Prozesse und der Hintergründe ihrer Entstehung, Aufteilung und Funktion mag sich der metaphorische Vergleich zu einer komplexen Maschinerie aufdrängen. Die Stadt als Maschinerie "arbeitet" ohne Unterlass, wobei sehr viele Zahnräder, kleine wie große sich ständig drehen um diese Maschinerie am laufen zu halten. Problematischerweise kann das blockieren eines einzigen dieser Zahnräder diese Maschinerie jedoch zum stocken bringen. Die Lebensform Stadt bietet demnach für die Gesellschaft und den Einzelnen vielfältige Möglichkeiten und Chancen, bietet jedoch auch die Entsprechenden Abgründe für den Einzelnen unterzugehen. Fernab dieses Sinnbildes steht außer Frage, dass eine Großstadt in kultureller, kommunikativer und nicht zuletzt informativer Hinsicht getrost als Ballungszentrum bezeichnet werden kann und dass eine Stadt der Gesellschaft als solchen enorme Entfaltungsmöglichkeiten bietet.

6. Literaturverzeichnis:

- Häußermann, Hartmut und Siebel, Walter - Soziologie des Wohnens - Eine Einführung in Wandel und Ausdifferenzierung des Wohnens, Juventa Verlag 1996

- Kromrey, Helmut; Riege, Marlo; u.a. - Hamm, Bernd (Hg.) Lebensraum Stadt Beiträge zur Sozialökologie deutscher Städte, Campus Verlag 1979

- Beck, Ulrich; Hradil, Stefan; Lash, Scott; u.a. - Pongs, Armin (Hg.) In welcher Gesellschaft Leben wir eigentlich? - Gesellschaftskonzepte im Vergleich, Bd. 1 und 2, Dilemma Verlag 2000